Harald Hartung

Langsamer träumen

Gedichte

Carl Hanser Verlag

Für Freia

1 2 3 4 5 06 05 04 03 02

ISBN 3-446-20237-4

Einbandgestaltung: Peter-Andreas Hassiepen, München,
unter Verwendung einer Fotografie von Christiane Thielmann
Satz: Satz für Satz. Barbara Reischmann, Leutkirch
Druck und Bindung: Friedrich Pustet, Regensburg
Printed in Germany

Geräusch der Flammen

Nur einmal vermutlich haben wir
eine Bitte frei

wie Deukalion der seine
Bücher hinter sich wirft

daß sie vermodern
und es wachsen Asterixe nach

und Fußnoten für einen Plan
der sich betreten läßt

oder eine künftige Flut
welche die Fläche tränkt

Schlamm der trocknet
Grün das schimmert
Wie nah sind im Wortspiel

Volk und Stein

Berufsethos

Der alte Henker (lange schon in Pension)
befragt nach etwas das zu bereuen sei
bedenkt sich, endlich fällt es ihm ein: bei R.
dem Nazi abgemagert durch lange Haft
war damals falsch bemessen der Strang so daß
der Mann sich quälte
und *ihm* des Strickes Werk zu vollenden blieb

Loerkes Tagebuch

I

Hinter Sträuchern und Kiefern
erscheint das Haus im Schwarzweiß
vergangener Belichtung

Man ergänze die Straße
Neben dem Hanomag erstarrt
ein Junge im Braunhemd

Riecht es nach Erbsensuppe?
Poltert der Pimpf auf der
gebohnerten Treppe? Klingelt

der Eismann in die hörbare Stille?
Kein Kind kommt
Bei Loerkes schlug nur der Hund an

Am Schreibtisch der Mann greift sich ans Herz
Nickel der Dackel
schnarcht auf der Chaiselongue

II

Der Stapel Manuskripte
am Tage gelesen wälzt
sich nachts auf die Brust zurück

Im dumpfen Brausen des Ohrs
gehn die Heilrufe unter
doch die Pein der Galle nicht

Ah die Neuen Herrschaften!
der schwarze Alberich brüllt
das breiige Nichts steht stramm

Trost beim Bier im Pschorr
Ei wie er schimpft der Dr. Benn
gegen Cäsarenwahn und Mord

Dann liegt so anders
mit kleinen Lippen
der alte S. Fischer auf dem Totenbett

III

Der 50. Geburtstag
die unfaßbare Wendung
der warme Regen des Ruhms

Der Dichter listet dankbar
einen jeden Tropfen auf
(nicht bloß die 20 Flaschen

die Hauptmann aus dem Adlon schickt)
Artikel Briefe Telegramme
Endlich ist er

Dichter unter meinesgleichen
Der neue Gedichtband?
Absatz gut vierhundert Stück

die Hälfte Freistücke
Dabei so weiß das Tagebuch
der Ruhm ist ungeheuer

IV

Treusein wie Gold (keiner sagt es
so schön wie Hauptmann)
auf Dauer ziemlich anstrengend

bis zum Erstickungsanfall
Zweihändig vierhändig
wird dagegen anmusiziert

Meisen Amseln Sperlinge
der Himmlische nährt sie
wie das Lauben- und Gartenglück

Freunde wandern aus oder sterben
Verse für den toten Nickel
Die Notizen

verstummen
Zuletzt Dezember 39:
Seit einigen Tagen Winterfrost

Sommertag, dreißiger Jahre

Auf dem Küchentisch die Graubrotschnitte
vollgesogen mit dem Rübenkraut
krümmt sich in der Hitze ohne Laut
Drunten horcht das Kind und hört die Schritte

wer sie tut und hört wohin sie führen
schaut zum Sofa wo die Schenkel klaffen
riecht den Rauch denn Vater muß jetzt paffen
und erstarrt beim Klappen vieler Türen

Man zieht mich hervor als wär ich bös
Überm Ausguß in dem Spiegel glänzt der
helle Widerschein vom Küchenfenster

Vater steht vorm Spiegel zieht nervös
seinen Kamm durch die gewellten Haare
denn im Flur liegt Opa auf der Bahre

Fliegenpapier

Obszön das Astloch des Sommers
leer die Badekabinen
virtuell die Susannen
und ihre Bikinis

Fern im Rhein-Herne-Kanal
ruft eine Frau *Ich ertrinke*
und lacht als ich brülle

Mutter macht einen Helm aus Zeitungspapier
ein Schwert aus Holz
da will ich Hauptmann sein

Der Schweinestall riecht
Das Fliegenpapier ist wie Honig
doch schwarz mit Fliegen besetzt

Oesterwind

Am Morgen nach dem Luftangriff
kam das Brotauto, es hielt
wo es immer hielt vor dem Haus
das nicht mehr da war
Oesterwind stand auf der Hecktür
Als sie geöffnet wurde
schwamm ich im warmen Duft

Hitlerjunge, Frühjahr '45

Am Wenzelsplatz im Kino-Uterus
(das Braunhemd unterm Lodenmantel gut
verborgen) nährt er sich vom Überfluß
der Bilder wie von einem süßen Blut

So russengelb wälzt sich die Moldau, föhnig
erglänzt der Himmel wie von Wunderwaffen
Hilfts *Heilig Vaterland / Der Preußenkönig*
zu singen wenn sie an den Straßen gaffen?

Es gibt schon welche die vor einem spucken
und Mutter muß das Führerbild verstecken
Beim Boxen bin ich wieder der Verlierer

Doch nach dem *Dienst* seh ich die Fähnleinführer
in Hauseingängen oder dunklen Ecken
Hej-ba-ba-reeba! konvulsivisch zucken

Gedicht mit Kontrabaß

Mit zwei Koffern Vater und Mutter
und einem Kontrabaß
an einem Maiabend
auf einem Schützenpanzer

über die gepanzerte
Wand auf den Platz schauen
der vom Geräusch der Flammen hallt
die aus dem Rathaus schlagen

Am nächsten Vormittag dann
ohne Koffer und Kontrabaß
mit Vater und Mutter
in einem Straßengraben

Das gab eine Art Haiku

Der Panzer ist ausgebrannt
Mutter hält sich an der
geretteten Handtasche fest

Und der Kontrabaß? Er muß
geschrieen haben unter
der MG-Garbe o Gott
er muß geschrieen haben

Lodenmantel

Als alles vorbei war roch
es nach Verbranntem lagen

ein paar am Straßenrand
Einer aus dessen Bauch es quoll

wimmerte *Mama Mama*
in den Gesang der Vögel

Später summte am Weg
eine Wochenschau Ein Junge
blickte in die Kamera

Ich trug einen Lodenmantel der
mir viel zu warm war

Aus dem Sommer '47

1

Dem abgerissenen Mann
wurde Kaffee gereicht
Ich mußte ihm die Schuhe putzen
bloß weil er zurückgekommen war
Mutter stand abseits
Ich hatte Verständnis für sie
liebte sie plötzlich

2

Nachher glühte drüben
die Zigarette
Ich rechnete nach
wieviel Maisbrot das war
mindestens eine Scheibe
memorierte Latein (*sine* – *ohne*)
schlief endlich über *Apfelsine* ein

Er wäre gern böse gewesen

Ihr Vater (Konrad) war wie Adenauer
Molly die Mutter ja! wie Molly Bloom
Er (Charlie) träumte schon vom kleinen Ruhm
als er sie küßte an der Gartenmauer

Sie trug ein weißes Fähnchen aus Lavabel
Sie schaukelten im Stadtpark mit dem Kahn
und in dem Wäldchen an der Autobahn
erforschte er die Gegend um den Nabel

Sie fragte Gibt es einen Gott? Er lachte
Sie weinte und er sagte Ja Marie!
und fühlte sich wie Mackie Messer, wie
der lächelte und wie ers schließlich machte

Gisela W. aus Recklinghausen-Süd
seit wieviel Jahren bist du schon verblüht

Weißer Jahrgang

Ach die Dicke Berta
Schwarm meines dritten Schuljahrs
ein schweres Geschütz
Die Mädchen kamen später
Vorher das Seitengewehr
die Blutrinne sah kein Blut
Mein Engel macht eine Aktennotiz

Gegen die Fahrtrichtung

Vor der geschlossenen Schranke
ein Moped: Fünfziger-Jahre-Motiv
Mein Vater

Er zieht die Uniform aus
er zieht das Krankenhemd an
zeigt mir die narbige Hand

Noch viel zu erledigen
sagt eine Handystimme
und der junge Mann weiß nicht
peng! daß ich sein Mörder bin

Absolution an der Bar
Später die Leuchtschrift KAUFLAND

Shorts

Juli

Nebenan auf dem Bett die
halbgelesene Zeitung
Ich höre noch wie im Bad
das Handtuch zu Boden fällt

Traumregie

Gegen Morgen ein leises Klirren
vielleicht ein Schlüssel
Jemand verschließt eine Zelle
meine vielleicht, ich schrecke auf
Jemand entfernt sich, mein Wärter
Ich wechsle den Traum
und starte das Auto

A room of my own

Am Schlüsselloch wo du lauschst
etwas Gottesgeruch
Endlich weißt du wie er riecht
hörst sein Geräusch sein schweres Atmen
Ach er atmet wie ich
atmet Menschengestank
zurück aus der leeren Kammer

Man höre

Etwas (trösten englische Ärzte)
wächst noch im Alter: die Ohren
Millimeterbruchteile pro Jahr
Ach könnten wir
Philemon und Baucis
verdämmern im Schatten
faltiger Riesensegel

Zur Mechanik des Erinnerns

Gekauft an der Wohnungstür
beim Hausierer
zwanzig Jahre in dieser Schublade
Vaters klobige Armbanduhr
Wer riet mir sie aufzuziehen
daß es nun tickt und tickt
dies untötbare Herz

Mit Hildesheimer

Das einsame Hochtal
am Südrand der Alpen – er beschrieb es
ein anderes Dach der Welt
Als ich ihm davon schwärmte
glitzerte sein Spott
Er hatte es seit zwanzig Jahren
nicht mehr betreten

Sorescus Himmelsleiter

Hegel verglich er
mit einer Seidenraupe
die an Maulbeerblättern nagt
In seinem letzten Gedicht
hängt alles an einem Faden
über dem Krankenbett
der in die wolkige Decke führt

Nicht zu ändern

Die Frau auf dem Nachbarbalkon
hatte mir freundlich zugenickt:
das Abendessen sei fertig
Jetzt sitze ich gesättigt
und schaue nach drüben
wo dieser ältere Herr ist
der mir zutrinkt

San Sebastian

Und gegen Morgen kam er
wieder der schwarze Stier
der sich mit all den Pfeilen
schüttelt und abseits geht
zu stürzen als wüßte er
wer Gottes Versuchstier ist
und wäre nur ein Stellvertreter

Papier auf dem es schneit

Ich könnte stundenlang zusehn
wie es schneit
den Silben des Schneefalls
die Worte bilden und Sätze
und langsam die Bäume beschweren
bis alle Zeilen gefüllt sind
und das Papier wieder weiß

Landeplatz der Ameisen

I

Der Bambus knistert wenn die Sonne kommt
Gestern hoben sich die Flugameisen
wie auf Kommando
                    Der Globus blinkte
im Fensterglas
               Amerika schien uns
schon etwas vergilbt
                    Ein kleiner Stoß und
Amerika lag im Schatten und schlief
Heute schaut Asien mich an
                         der Stille
Ozean und ganz unten Australien
Ob es da schneit? Und wo die Ameisen
landen?
        Die Augen sind nicht mehr sehr gut

II

Nachher standen wir noch
(nach Budweiser
& Eliot & Beckmann) mit Ferngläsern
auf der Straße und unsern Gastgebern
die uns gern Eliots Geburtshaus – das ich
schon kannte –
sie meinten ich müßte nun
unbedingt den Kometen!
Den aber
hatte ich gestern vom Hotel gesehn
mit bloßem Aug d. h. mit Brille
Ich
rühmte sehr den enormen Schweif und wir
würden uns sehn vor Hale-Bopps Wiederkehr

III

Im leichten Rausch des Abends erscheinen
sie pünktlich
fast alle nippen vom Wein
manche kehren wieder
manche trinken
sich fest
manche zögern und rumoren
im Gebüsch als wärs ein Lufthauch oder
ein Igel
Einer trägt einen weißen
unpassenden Anzug
Kommen Sie: hier
dürfen Sie rauchen ich war ja Ihr Sohn
(oder doch der Ersatz dafür) und jetzt
werde ich sagen daß ich Sie liebte

IV

Staubiges Grün
Die Blätter rolln sich ein
In den großen Ferien ging der Vormarsch
weiter
später die langen Rückzüge
Im Krankenhaus zieht man Vorhänge vor
Den Trinkenden tritt das Bier auf die Stirn
Mich hält die Amsel im Auge und pickt
weiter im Schatten nach Würmern
Ich bin
das Große Harmlose für sie das jetzt
aufstehen darf für friedliche Schritte
Moratorium nicht mit *mors* verwandt

V

Gesehn von der S-Bahn:
dieser Kampfplatz
aus Sand und Beton
Die Baumaschinen
nützliche Saurier gegen den Gott
der Termine
kleinwüchsig die Spezies
die lenkt
Auf dem Bildschirm tanzen Puppen
Cancan in den virtuellen Cafés
Der Sand spuckt Panzerfäuste
Liebhaber
der Vorzeit kommen auf ihre Kosten
Sommerwolken aus bestem Carrara
unbenutzt über dem Potsdamer Platz

VI

Schüsse im Garten
Die Platzpatronen
der Kinder
Sie hören bald damit auf
Die Tamagotchis wollen gepflegt sein
Wir damals klebten den Gefallenen
die Köpfe auf die Hälse
einige
hatten schon üppige Krägen aus Leim
Nur später als langhaarige Väter
wollten wir nicht lachen als der Lachsack
lachte
wir dachten an Marx oder Reich
und das Ding geriet in Vergessenheit

VII

Kein Hase der flüchtet
kein Fuchs der hetzt
Keinerlei Speise die noch befriedigt
In der Hölle wird auf Mikrowelle
gekocht
vermutlich im Himmel auch und
hier vor dem Ausflugslokal studieren
zwei alte Leute die Speisekarte
Sie sind vom Lesen schon satt
Sie schaffen
sich vorbei an Golfplatz und Deponie
Sie öffnen den Wein und hören Musik
weil die Nachbarn verreist sind
einmal laut

VIII

Engel sind sie nicht Gottes Kaninchen?
Wir malen uns diesen Gedanken aus
als ein entlaufnes verdutzt uns anschaut
Es beginnt zu regnen als käme nun
Prosa nach aller Lyrik
                                        Der Regen
senkrecht und ohne Eile läßt er sich
fallen
            Stunde um Stunde
                                        so ruhig
wie jener Roman den der Mörder las
vor seiner Verhaftung und in dem es
um einen ganz gewöhnlichen Mann geht

IX

Die schlechten Träume et cetera doch
nach dem Schlaf
                für Momente das Leuchten
der Farben
          im Aquarell überm Bett
Zeitung und Tagwerk lassen wir beiseit
und die Hoffnung
                spätestens bei unserm
Begräbnis
          werde uns Liebe zuteil
Ach der dritte Satz der Dritten von Brahms
und abends der Widerschein am Himmel
Fern irgendwo ist eine Rosetta
mit ihren drei Typen noch unterwegs

X

Es gibt Berichte über dieses Bild
unauffindbar seit einem Erdbeben
Christus der durch die Wachen hindurchgeht
Sein Schöpfer kannte Maltas Kerker gut
Er hatte eine tote Madonna
gemalt
                auch einen zu schönen Christus
Der Magere
                        eben auferstanden
entschwebt nicht
                                frei geht er durch die Wachen
ins Dunkel das ihn und sein Bild verbirgt
Verhaftet (wie bekannt) wird Merisi

Unser Freund Anatol

Letzten Sommer. Andere Version

In der verdunkelten Wohnung liefen
die Bilder
                    überschwemmte Landstriche
die Offensive des Wassers
                                        Draußen
der Juli machte uns schöne Augen
Der Sponsor wollte ein neues Programm
und ich saß wie der Kaiser von China
bei meiner mechanischen Nachtigall

Unser Freund Anatol

Er hat sich gut gehalten
er weiß es und meint
aber innerlich sei alles morsch

Er liest wieder Max Frisch
aber nur die Tagebücher
da steht alles über ihn

Er erzählt gern von der Jugend
zum Beispiel daß er
Ulrike Meinhof gekannt hat

Er hat genügend zu tun (Aufträge)
doch ein Tag ohne Anruf
macht ihn nervös

Er will eigentlich ins Kloster
und träumt daß er Münzen findet
Berge von Münzen

Ja er hat Erinnerungen als Mann
Erinnerungen an
Erinnerungen

Die Mädchen hießen damals
Hedwig oder Gisela
eigentlich alle Mädchen

Wirkung des Schönen

Der Alte an der Brücke
der in der Hose fuhrwerkt
sah sie vermutlich zuerst

die rosige Doppelwolke
überm Kanal
üppig wie Aphrodites Hintern

schöner als die Paläste
Der Alte von der Wolke befriedigt
wendet sich ab

während der Kellner gafft
und anhält mit vollem Tablett
angewurzelt als wärs ihm

zu meinem Tisch viel zu weit

Karte aus Sils Maria

Die Kutschen warten auf Kunden
Niemand belästigt die ruhigen Pferde
Die *Alpenrose* rottet die Jahre fort
Professoren besuchen den Ort
die karge Kammer der Obererde
und reden lange mit ihren Hunden

Der Fels am Ufer verlor die Plakette
Der Schauer ewiger Wiederkunft
ist notfalls auch so zu haben
Den Rest erklären dir Krähen und Raben
O Mensch gib acht! die Vernunft
geht hier vor zwölfe zu Bette

Aus Sant' Angelo

Hier bei den heißen Quellen diese Leiber
von Nymphen Satyrn deutscher Mittelklasse
betracht ich durch ein Löchlein im Corriere
Die Zeit vertreibt sogar den Zeitvertreiber
zum Flug auf eine ferne Untertasse
da kommt mit dem Caffè der Cameriere

Zeit für den Pool, es treiben wie die Klöße
unsere Köpfe, grämlich dampft das Becken
Die Götter sahn schon beßre Suppen heißt es
Geschenkt! denn größer war auch ihre Größe
Eheu – wer sagts? – *fugaces* … Ach du weißt es
und wirst o Postumus mich wieder necken

Am liebsten sitz ich unter einer Brause
aus der es armdick auf den Nacken prügelt
und schnaufe wie ein pensionierter Koch
dem man erlaubt zu schwitzen ungezügelt
Das Wasser: manchmal macht es eine Pause
dann kommts zurück aus grüngelocktem Loch

Aspirin

»Ataraxie! geistliches Aspirin!«
  So war doch Ihr Spruch Doktor
Und der mich freispricht das bin doch ich Doc
  oder wie sehen Sie das?
Nur was ist Absolution ohne Schuld
  ohne verfilmte Sünde?
Zeigen Sie mir dieses Filmchen Doktor
  und ich küsse Sie dafür
Da stehe ich schon an der Ziegelwand
  mit erhobenen Händen
Mutter verdeckt mich mit ihrem Körper
  sagen wir vier Jahrzehnte
Im Krankenhausbett hebt sie die Decke
  drei Tage vor ihrem Tod
Ich habe die Augen meines Vaters
  für diese wirkliche Frau
Das wollte ich sagen ich küsse Sie

Das Lächeln in der Via Gregoriana

Drei Parzen denke ich (denn ich hatte
    meinen Simic gelesen)
Da hat die jüngste schon meinen Ärmel
    während die alte lauert
ob ich der sanften Stimme erliege
    Ruhig Blut! denkt die Panik
und reißt sich los, in der Jacke rasselt
    etwas Trinkgeld für Charon
Im Augenwinkel bleibt mir ein Nachbild
    Die dritte Parze lächelt
Der lohnt nicht laßt den Knaben doch laufen

Langsamer träumen

Im Frühlicht sehe ich die zwei Maschinen
die eine plump die andere schlanker
pathetisch steigen: richtig feierlich
Da wären Bomben ordinär und gegen
die Abmachung des Traums
                                        Doch fallen schon
die Eier aus der Legehenne während
die andere (durchaus kein Tier)
etwas verliert wie ein Torpedo
und den obszönen Gegenstand
(ganz Dame) übersieht und ihren Kurs hält
Fragen des Stils die Sache von Sekunden
zu kurz um das Geschehen zu verbessern

Langsamer träumen! denke ich und sehe
mich nach Deckung um

Mein Lehrer in Philosophie

Den Biomüll vergammeltes Grünzeug Fisch
das Gestern halbgelesener Zeitungen
die leider ausgeleerten Flaschen
trage ich unlustig in den Keller

Da plötzlich steht er reglos im grauen Licht
und Praxis! Praxis! echot der Kellerraum
von seiner alten Lehre über
Mülleimertragen und rechtes Leben

Schlüssel verloren

Bei Coladosen rostet ein Gartenstuhl
im Brunnenbecken während an einem Baum
der alte Penner singend sein Wasser läßt
Es ist schon meine wievielte Runde und
im zweiten Stock noch immer kein Licht zu sehn
Es kommt der Alte mit den beschifften Jeans
Er brabbelt etwas, feucht ist sein Bruderblick
Auch du mein Sohn! auch du wirst bald bei uns sein

Satura

Aus leerem Himmel

Piove da un cielo che non ha nuvole
Eugenio Montale

Es regnet aus einem Himmel
ohne Wolken
regnet still ohne Punkt und Komma

auf Banken und Müllhalden
auf den Seziertisch
mit Nähmaschine und Regenschirm

auf das Krankenhaus mit den Krebs-
patienten die Chaosforschung
das Grab der Eltern

regnet auf die Äcker von O.
die Fregestraße
die ferne Via Zucchelli

auf alle Trockenheiten
die ein Salz sind ein Pulver
das die Augen tränen macht

Satura

Der Puls ist noch palpabel
das Hirn noch sporogen
Doch zwischen Kalb und Kabel
will uns kein Gott erstehn

Schon leichtes Magendrücken
verändert den Diskurs
Wir sehen in den Lücken
den Schatten des Komturs

Vom Ein- zum Appenzeller
da war wohl ein Moment
als würde alles heller

Nun lesen wir die Daten
die uns an uns verraten
als unser Testament

Mobilat

Mit Mobilat als Narde
in fleckigstarrer Hand
die alte Avantgarde
rühmt nun den Ehestand

Man hebt sich aus den Kissen
wie aus Matratzengruft
und schnuppert den gewissen
Moschus- und Musenduft

Die Gattin steht im Rahmen
frisch wie ein Obstsalat
und nickt in deine Richtung

O Psalmenende Amen
gelingt auch nicht die Tat
sie läßt dir ja die Dichtung

Mund der Wahrheit

Sie stecken ihm die Hände
mit Kichern in den Mund
Er nimmt die schlimme Spende
und tut es keinem kund

Nur in der Abendkühle
läßt er sich gehn ich schwörs
da zeigt er die Gefühle
da kommen die Vapeurs

Ad me ipsum

Und sagst du nach Jahren
Ich will es ich kann es
dann mußt du erfahren
du warst nur Johannes

Und wenn du dich fängst
Ja träum das ja tu das
bist du schon längst
dein eigener Judas

Chinoiserie

Chinesen sagt man sehen
sich gern Krokodile an
Ich verbürge mich nicht doch

klingt es plausibel. Die Alten
liegen aufeinander
die Jungen sperren mächtig

die Mäuler auf. Wir aber
sehen lieber das Rasenstück
und den Dürerhasen

dem es mundet bis er am
Haken hängt ein Stückchen Kunst

Noch einmal Robinson

Daß er nicht sterben muß begreift er spät
nach Freitags Tod und in den großen Kalmen
die folgen. Älter als die meisten Palmen
ist er schon lange, doch aus Pietät

verzichtet er auf eine Nulldiät
läßt sein Gebiß gewissenhafter malmen
und murmelt zum Verdauen seine Psalmen
auch Selbstgereimtes denn Identität

ist etwas das auf Dauer sich verbraucht
Am Abend wenn er in die Ecke kraucht
singt sein Geschnarche davon noch ein Lied

Im Frühling (den es hier nicht gibt): zum Hut
trägt er die Feder rot vom eignen Blut
und träumt ein Auge das dies alles sieht

Hedonist

Daß das Fleisch ihn nicht mehr quält das peinigt
ihn weit mehr als seine Rückenschmerzen
Keine Kasse hat es ihm bescheinigt
keine Freundin zündet ihm die Kerzen

Alle Speise schmeckt ihm seitdem bitter
Auf dem Bettrand denkt er an den frommen
Kaiser der verfügte den Transmitter
aller Sünde auszupeitschen: seinen
toten Leib (doch so zu Gott zu kommen
will ihm ziemlich übertrieben scheinen)

Also in der lauen Badewanne
mißt er seines Lebens schmale Spanne
sinkt er lässig in den weißen Traum
trinkt er Aphrodites Badeschaum

Ghasel

Er ist nicht in Saigon und nicht im Hadramaut gewesen
noch wo man Opium raucht und wo man Betel kaut gewesen

Umsteiger war er meist wär lieber gradeaus gefahren
und was er sonst erfuhr ist nicht auf seiner Haut zu lesen

Er war korrekt rasiert trug Ober- und auch Unterhemden
Er zischte Bier doch gab beim Fußball keinen Laut am Tresen

Er las die Zeitung doch er hätte gern die Zeit gelesen
Er hat es nie gelernt in dem was man verdaut zu lesen

Er trank und speiste gern auch Bilder waren seine Speise
In Licht und Wasser schien gelöst und auferbaut: das Wesen

Er kommt mir oft im Traum als wolle er bald Abschied nehmen
Er schaut mich lange an als wär ich ihm vertraut gewesen

Zwei Blicke. Gold-Mohur-Bucht

Der Felsen endet als ein Elefant
der seinen Rüssel in das Wasser tunkt
und unermüdlich Wellen schiebt zum Strand
wo das Hotel in weißer Sonne prunkt

Weit draußen in der blauen Bucht ein Wrack
als wär die ganze Schönheit ein Malheur
ein falsches Licht ein böser Zodiak
und nur der Herr am Tisch ein Gouverneur

Rambow's House

Kalaschnikows für König Menelik
sonst Kaffee Gummi Weihrauch Elfenbein
Hier sein Kontor: hier ging er aus und ein
im Gürtel Gold das Knie vom Tumor dick

und Aden fast so schlimm wie Charleville
Die Hölle war Saison, sapienti sat.
Man schaut uns nach die Backen voller Qat
Touristen lohnen wahrlich kein Pasquill

Eierreis

Die glänzenden Tage wollen nicht enden
Schöner ist der Mai 45 auch nicht gewesen
rein meteorologisch das weiß ich
Damals brannte ein T 34
ein Landser humpelte an Prothesen
andere hatten was Weißes in ihren Händen

Das schreibt sich schnell auf eine Serviette
Aus einer Uniform quollen die Därme
Ich esse Eierreis beim Chinesen
Der Bildschirm ist heute schlecht abzulesen
Die Amsel duckt sich ins Gebüsch vor der Wärme
Das wäre Frieden wenn ich ihn hätte

Blätter für Zachäus

Klage

Dem Empfindsamen rauchen die Trümmer
Dem Klugen kehren die Menschen zurück
Aber die Sonne beginnt zu stinken
ehe die Gräber geöffnet werden

Snapshot

Ein paar einprägsame Fotos werden
immer geschossen aus solchem Anlaß
etwa an einer Straße wo dann zwei
Männer liegen wovon der eine noch
lebt während das Foto geschossen wird

Das Gras das wächst

Das Gras das zwischen den Steinplatten wächst

Kleine Windstöße dieses Julitags
Brandungsgeräusch mit Musik unterlegt

Friede, man treibt die Pauschalreisenden
über die geräumten Minenfelder

das Gras das zwischen den Steinplatten wächst

Eklipse

Wir hatten es nicht anders erwartet
Wir trugen die passenden Brillen wir
verbrannten uns unsere Augen nicht
am glühenden Wunder der Corona

Es stürzte der Himmel nicht zusammen
Es siegte die Sonne Sofern man sah
bot auch der Mond eine fesselnde Show

Und um die Stunde da es finster ward
in Cottbus hört man pfiff ein Papagei
recht künstlich Mozarts Kleine Nachtmusik

Ikone

Das verschüttet gewesene Mädchen
verschüttet für drei Tage drei Nächte
auf einer Bahre wird es getragen
über den Schutt unter greller Sonne
vorüber an laufenden Kameras
und hat schon wieder ein Lächeln für uns

Wie Zachäus

Luk. 19, 1–6

Am Weg die Sykomore wächst schneller
als du hinaufgelangst auf diesen Baum
dich dem milden Mann zu empfehlen der
von der Menschenmenge erwartet wird

Sie werden auf den falschen tippen auf
die Tiara oder das gelbe Trikot
Doch gesetzt du tippst auf den richtigen –
da ist noch das Handicap mit dem Baum

Auch ist der Kühlschrank leer und kein Feuer
unter dem Herd

Über kurz oder lang

Die Hänge heißt es
sind alle überbesetzt
Keine Spitzenpositionen frei
Entlassungen unvermeidlich
bei der Parnass AG

Einigen verdienten Ringern
bietet Dr. Dr. Engel
den Goldenen Handschlag
doch unter Ausschluß der Haftung
für Hüftprobleme

Überhänge erhalten
betriebsbedingte Kündigungen
Formbriefe in freien Versen
Es lohnt nicht die Mühe
korrekter Metren

Röntgen- und Rosenblätter zerfallen
Während es mir in die Blutbahn tropft
leuchtet

der Lichtstreif eines luftschutz-
verdunkelten Zimmers
spielt das Grammophon den Slowfox
für die tanzenden Schatten

bebt der Boden stürzt mir
der Sand in den Nacken stolpre
ich schreiend über das Feld –

Jetzt quere ich die Fahrbahn
Die Autos haben es
auf mich abgesehen aber
heut bin ich unverwundbar

Ein Fluß eine Fähre
Der Mann an Kurbel und Stahlseil
zog sie über die Moldau

Wir die einzige Fuhre
an diesem Herbsttag im Krieg
Drüben lag Troja der Zoo

Alles was zu fühlen war
Mutter der Fährmann ich
und der grau sich wälzende Fluß

Eigentlich alles
Die fremden Worte kamen erst später
Charon Styx et cetera
Troja kannte ich schon

Einmal nachts vom Klo aus ge-
sehen ein Larkin-Mond ich

trag ihn im Mund hinüber
wo du in den Kissen leis

atmest und der Mond im Mund
diese prähistorische

Taschenlampe gleitet
über dein Antlitz das lächelt

Am nächsten Morgen sagst du
was ich dir alles erzählt

hab in der zweiten Hälfte
der völlig mondlosen Nacht

Tulpen aufgerissene Augen
oder eine Metapher
die uns die Toten am Weg zeigt
Etwas in dieser Art
blickt dich vom Bildschirm an
Gib es auf lösch es aus!

Nieselregen
Nachmittag im Museum
Zehn Jahre noch oder elf
Elf ist eine böse Zahl
Elf Zeilen und dein Gedicht ist fertig

Das Gefühl daß mich das Wasser trägt
Die erste Brille
plötzliche Klarheit der Welt

Das Mädchen an der Böschung
Farben und die Worte dafür
und dann das Wissen
daß man auch ohne Worte liebt

Oblomow wußte es
Er hilft dir noch auf die Sprünge
vom Sofa ins letzte Bett

Olfaktorisch brauchts keine
echten Zwiebeln
Selbst den Geruch der Liebe
wird man synthetisieren
sofern Nachfrage besteht statt Ekel

Mann du lohnst nicht! Dein Reststolz
dein Geruch ist unverkäuflich
wie Maisbrotduft wie Mädchenhaar
vor fünfzig Jahren

So fern-hin gesehen
die vielen Kadaver
ruchlose Bilder unserer Rauchopfer
Einstmals erweckt uns

eine Kindertrompete
begrüßt uns Dolly das Schaf
im himmlischen Festzelt
Wie fanden wir Gnade vor ihm?

Etwas streicht über den Park hinweg
die Abendmaschine
Die Trinker unter den Bäumen
unterbrechen ihr Murmeln
Hast du dein Ziel erreicht?
Ich bin nur müde geworden
Das Ziel kommt zu dir

Das lange Gedicht

Die jähe Kühle
inmitten der Hadesgestalten –
das könnte aus einem Gedicht sein
Blau käme mehrfach drin vor
einmal auch *gülden*
wüßte man nur was das meint

Inhalt

Geräusch der Flammen

Shorts

Landeplatz der Ameisen

Unser Freund Anatol

Satura

Blätter für Zachäus

Über kurz oder lang

Geschrieben 1995–2001